上學的第一天

新雅文化事業有限公司
www.sunya.com.hk

小跳豆
幼兒生活體驗故事系列

跟着跳跳豆和糖糖豆一起經歷成長之旅！

幼兒在成長的過程中，必會遇到大大小小的難題。有些孩子害怕上學，有些孩子會嫉妒弟妹，有些孩子不懂得和別人相處……爸爸媽媽可以怎樣幫助孩子克服這些困難和不安感呢？

《小跳豆幼兒生活體驗故事系列》共 6 冊，透過跳跳豆和糖糖豆的日常生活經歷，帶領孩子學習面對不同的情況，例如在上學的第一天、交朋友、看醫生、迷路、添了小妹妹（或小弟弟）和出現偏食問題的時候，怎樣適當地處理和改善。

書後設有「親子小遊戲」，以有趣的形式幫助孩子學習處理各種難題的方法。「成長小貼士」提供一些實用性的建議予家長，告訴家長當孩子面對心理困擾時，可以怎樣從旁給予孩子引導和幫助，使孩子成為一個愉快、勇敢、自信的好孩子。

讓親子閱讀更有趣！

　　本系列屬「新雅點讀樂園」產品之一，若配備新雅點讀筆，爸媽和孩子可以使用全書的點讀和錄音功能，聆聽粵語朗讀故事、粵語講故事和普通話朗讀故事，亦能點選圖中的角色，聆聽對白，生動地演繹出每個故事，讓孩子隨着聲音，進入豐富多彩的故事世界，而且更可錄下爸媽和孩子的聲音來説故事，增添親子閱讀的趣味！

　　「新雅點讀樂園」產品包括語文學習類、親子故事和知識類等圖書，種類豐富，旨在透過聲音和互動功能帶動孩子學習，提升他們的學習動機與趣味！

想了解更多新雅的點讀產品，請瀏覽新雅網頁(www.sunya.com.hk)或掃描右邊的QR code進入 。

如何使用新雅點讀筆閱讀故事?

1. 下載本故事系列的點讀筆檔案

1 瀏覽新雅網頁(www.sunya.com.hk) 或掃描右邊的QR code 進入 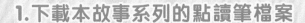 。

2 點選 下載點讀筆檔案 ▶ 。

3 依照下載區的步驟說明,點選及下載《小跳豆幼兒生活體驗故事系列》的 點讀筆檔案至電腦,並複製至新雅點讀筆的「BOOKS」資料夾內。

2. 啟動點讀功能

開啟點讀筆後,請點選封面右上角的 圖示,然後便可翻開書本, 點選書本上的故事文字或圖畫,點讀筆便會播放相應的內容。

3. 選擇語言

如想切換播放語言,請點選內頁右上角的 粵☆普 圖示,當再次點選內 頁時,點讀筆便會使用所選的語言播放點選的內容。

4.播放整個故事

如想播放整個故事，請直接點選以下圖示：

5.製作獨一無二的點讀故事書

爸媽和孩子可以各自點選以下圖示，錄下自己的聲音來說故事！

1️⃣ 先點選圖示上 爸媽錄音 或 孩子錄音 的位置，再點 OK ，便可錄音。

2️⃣ 完成錄音後，請再次點選 OK ，停止錄音。

3️⃣ 最後點選 ▶ 的位置，便可播放錄音了！

4️⃣ 如想再次錄音，請重複以上步驟。注意每次只保留最後一次的錄音。

爸媽請使用
這個圖示錄音

孩子請使用
這個圖示錄音

跳跳豆和糖糖豆
第一天上幼稚園的時候，
心情既興奮又緊張。

跳跳豆和糖糖豆
跟他們心愛的小貓說再見，
媽媽就送他們上學去。

到了學校，
茄子老師微笑地歡迎跳跳豆和糖糖豆。
媽媽對孩子們說：
「要聽老師的話，
老師會像媽媽一樣愛你們。
今天，媽媽也會一直陪着你們的。」

課室裏有很多同學。
大家見到跳跳豆和糖糖豆，
都友善地跟他們打招呼。

可是，跳跳豆和糖糖豆
還是有點不習慣。
他們在玩玩具的時候，
總是想找媽媽。

開始上課了，
茄子老師給同學們說故事，
她說的故事真動聽。

然後，茄子老師教同學們唱歌，
大家一起唱《上學歌》。

接着，
跳跳豆和糖糖豆跟
茄子老師學畫畫。
糖糖豆畫了媽媽，
因為她想把圖畫送給媽媽。

到了遊戲時間，
跳跳豆、糖糖豆和同學們
一起玩捉迷藏。
猜一猜，
同學們躲到哪裏去了？

然後，
茄子老師又教同學們扮動物，
同學們有的扮小鳥，
吱——吱——吱。
有的扮小青蛙，
呱——呱——呱。
跳跳豆呢？他在扮獅子，
吼——吼——吼。

猜一猜，糖糖豆扮了什麼？
哦，原來是扮小貓，
喵喵喵，喵喵喵。
茄子老師讚她扮得真像。

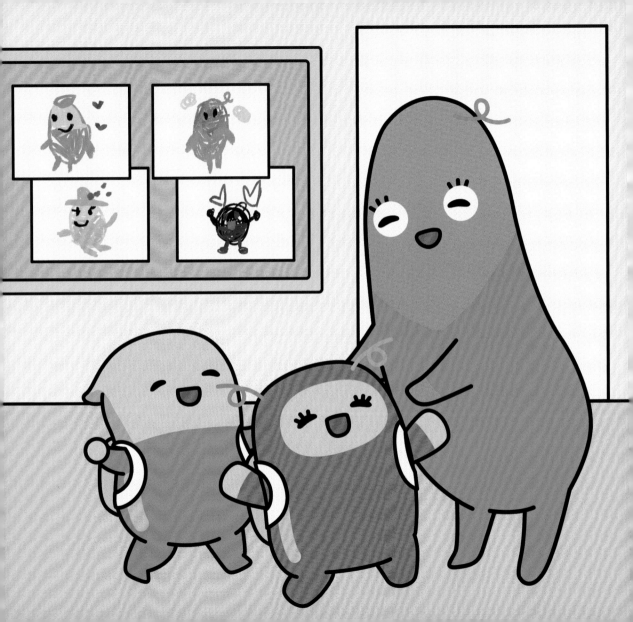

放學了，糖糖豆看見媽媽，
馬上撲進媽媽的懷裏。

媽媽問：「上學好嗎？」

糖糖豆說：
「上學真好，我們認識了很多小朋友。」

跳跳豆也說：
「是呀！大家一起玩得很開心呢！」

親子小遊戲

上學的第一天，你做了哪些事情呢？參考下面的圖畫，跟爸爸媽媽說一說。

聽老師說故事

和同學們一起唱歌

和同學們一起畫圖畫

和同學們一起玩角色
扮演遊戲

成長小貼士

孩子害怕上學，怎麼辦？

🫘 孩子要上學了，面對陌生的環境和同學，會產生孤獨和恐懼感，有的甚至哭鬧不願意上學。要減少這種情形的發生，家長可以事先告訴孩子，上學有很多小朋友一起玩，老師會像媽媽一樣照顧小朋友。等到孩子真的上學時就不會對環境感到害怕，讓他早早做好心理準備。

🫘 上學的第一天，父母可以給孩子穿上新校服，恭喜孩子上學，告訴他上學可以學到很多本領，會越來越聰明。這樣既能增強孩子的自豪感，又可以幫助孩子消除害怕心理。同時，鼓勵孩子主動向老師同學問好，和小朋友一起玩遊戲，孩子很快便會愛上上學了。

小跳豆幼兒生活體驗故事系列

上學的第一天

原著：辛亞

改編：新雅編輯室

繪圖：何宙樺

責任編輯：趙慧雅、楊明慧

美術設計：劉麗萍

出版：新雅文化事業有限公司

香港英皇道499號北角工業大廈18樓

電話：(852) 2138 7998

傳真：(852) 2597 4003

網址：http://www.sunya.com.hk

電郵：marketing@sunya.com.hk

發行：香港聯合書刊物流有限公司

香港荃灣德士古道220-248號荃灣工業中心16樓

電話：(852) 2150 2100

傳真：(852) 2407 3062

電郵：info@suplogistics.com.hk

印刷：中華商務彩色印刷有限公司

香港新界大埔汀麗路36號

版次：二〇二一年七月初版

二〇二二年六月第二次印刷